Das Meer vor der Tür

Günter Spurgat

Das Meer vor der Tür

Leben und Arbeiten am Husumer Hafen in den 1950er Jahren

Die Deutsche Nationalbibliothek verzeichnet diese Publikation in der Deutschen Nationalbibliografie; detaillierte bibliografische Daten sind im Internet über dnb.dnb.de abrufbar.

Covergestaltung: Günter Spurgat
Hintergrundfoto: Hans Hoffmann/Kreisarchiv Nordfriesland
Foto auf der Vorderseite: Walther Nehm/Kreisarchiv Nordfriesland

Herstellung und Verlag:
BoD – Books on Demand, Norderstedt

ISBN: 978-3-750404-53-3

Printed in Germany

Inhalt

Vorwort

Husum, du Schöne – bist Sehnsuchtsort für Menschen, die Überschaubarkeit, Idylle und Meeresnähe suchen. Einst haben eine große Kutterflotte, Fischer, Werftarbeiter, Schiffer, Handwerker und Anwohner das Leben am Hafen geprägt. Heute tummeln sich im Viertel Scharen von Touristen, die in Cafés und Lokalen verweilen, die bunte Szenerie genießen, durch Mode- und Souveniergeschäfte bummeln und einkaufen. Das Hafenviertel hat sich zu einer Flanier- und Einkaufsmeile entwickelt. Verschwunden sind viele der einstigen Geschäfte und Unternehmen, weggezogen zahlreiche frühere Bewohner und zugezogen solche, die sich die teuer gewordenen Immobilien oder Mieten leisten können. Das Meer, hier eigentlich nur ein schmaler Meeresarm, möglichst direkt vor der Haustür zu haben, ist der Wohntraum vieler. Die damaligen Anwohner zog es dagegen vor allem deswegen an diesen Ort, weil es hier Arbeit gab und es praktisch war, nahe der Arbeitsstelle zu wohnen. Meerblick wird für deren Wahl kaum ausschlaggebend gewesen sein. Denn bei Sturmflut war die Lage durchaus nicht vorteilhaft, haben Überschwemmungen im Hafenviertel doch immer wieder große Schäden verursacht.

Husum war in meiner Kindheit das Zentrum meiner kleinen Welt in den 50er Jahren des vorigen Jahrhunderts. Ich wurde hier geboren und wuchs in einem hoch gelegenen Geestdorf unweit der Stadt auf. Von dort konnte man bei klarem Himmel ein Stück ihrer Silhouette erspähen. Viele aus meinem Dorf waren mit der Stadt vertraut. Sie gingen in Husum einer Arbeit nach, besuchten eine Schule, machten Einkäufe auf dem Wochenmarkt, in einem Geschäft oder gönnten sich das Vergnügen einer Kinovorstellung. Mein erster Stadtbesuch, an den ich mich erinnere, datiert Ende der 50er Jahre. An der Hand meiner Mutter und in Begleitung von Tante Frieda, die aus der „Ostzone" bei uns zu Besuch war, zogen wir von einem Schaufenster zum nächsten. Ich langweilte mich und zerrte an Mutters Hand, um ihr zu signalisieren, sie möge doch weitergehen. Da verpasste mir Tante Frieda ohne jede Vorwarnung eine kräftige Ohrfeige.

Damit war meine Tante für mich erledigt und Husum kein schöner Ort für mich. Erst einige Jahre später begegnete ich der Stadt wieder. Ich war vielleicht zwölf, als ich mich mit Mutters Fahrrad zum ersten Mal allein auf den Weg in die Stadt machte. Von da an wurde Husum öfter das Ziel meiner Radtouren. Es lockten mich Jahrmärkte, Kinos und die neuen Discountläden, die den bestehenden Lebensmittelgeschäften Konkurrenz machten.

Auch der Hafen war durchaus interessant, aber dort roch es bei Ebbe unangenehm nach fauligem Schlick, und der ohrenbetäubende Dauerlärm, den die Niethämmer der Werftarbeiter verursachten, hielten mich davon ab, mich länger dort aufzuhalten. Dennoch übte der Hafen eine besondere Faszination auf mich aus. Es herrschte hier quirliges Leben: Überall waren Menschen bei der Arbeit, andere kamen und gingen, bunt bemalte Schiffe, Krabbenkutter und kleine Boote lagen vertäut im Hafenbecken; sie lagen nur so da oder wurden für die nächste Fahrt gerüstet. Sie würden bald aufs Meer hinausfahren, Fische fangen, Güter zu fernen Bestimmungsorten befördern oder ins Abenteuer segeln. Die Schiffe und Boote symbolisierten grenzenlose Freiheit und das Versprechen auf die große weite Welt.

Durch einen Zufall kamen mir alte Fotografien aus den fünfziger Jahren in die Hände, die eindrucksvoll von Fischern, Arbeitern und Anwohnern erzählen, die damals im Hafenviertel zu Hause waren und es mit so viel Geschäftigkeit und Leben füllten. Ich suchte und fand weitere Bilder, die jene Jahre des Neubeginns illustrieren, in denen die Menschen nach einem verheerenden Krieg wieder aufbauten, anpackten und an eine friedliche Zukunft glauben mochten. Zahlreiche Bilddokumente, überwiegend von den Husumer Fotografen Hans Hoffmann und Walther Nehm aufgenommen, und teilweise sehr persönliche Erinnerungen von Zeitzeugen vermitteln Einblicke in eine Epoche, in der die Menschen hart arbeiteten, einfach lebten und ihren Lebensraum selten verließen. Absichtlich überwiegen die Bilder in diesem Buch, weil sie etwas über eine Zeit erzählen, über die ich nicht aus eigener Anschauung berichten kann.

Günter Spurgat

Die 1950er Jahre im Hafenviertel

Blicken wir zurück in jene Zeit und besuchen die Plätze, Straßen und Geschäfte im Hafenviertel und lassen uns von Zeitzeugen erzählen, wie das Leben damals dort aussah, welche Ereignisse es gab, woran sie sich noch erinnern.

Nach dem verheerenden II. Weltkrieg werden Ende der 1940er Jahre die Weichen für eine baldige Wiederbelebung der deutschen Wirtschaft gestellt: Eine neue, stabile Währung wird geschaffen und die Lebensmittelrationierung abgeschafft. 1949 entsteht aus den ehemaligen Westzonen der Siegermächte die Bundesrepublik Deutschland und gibt sich eine demokratische Verfassung, und Konrad Adenauer wird der erste Bundeskanzler der neuen Republik. 1952 startet das Fernsehen mit regelmäßigem Programm, 1954 wird die deutsche Fußballnationalmannschaft zum ersten Mal Weltmeister, im Jahr darauf rollt in Wolfsburg der millionste VW Käfer vom Band und die Deutschen strömen in die Kinos, um sich von schönen, unzerstörten Landschaften und romantischen Liebesgeschichten bezaubern zu lassen.

Es sind die Wirtschaftswunderjahre, in denen sich das ganze Land im Aufbruch befindet. Auch die kleine Stadt Husum wird von dem Aufschwung erfasst.

Von Jahr zu Jahr wächst die Flotte der Krabbenkutter. Im Außenhafen reihen sie sich so massenhaft neben- und hintereinander, dass vor lauter Schiffen, Masten und Netzen kaum das Fahrwasser zu sehen ist. Einer der Kutter, den der Husumer Fischer Claus Laß gleich nach dem Krieg auf einer Rendsburger Werft bauen lässt, trägt den hoffnungsvollen Namen „Zukunft", in dem man den Wunsch auf bessere, friedlichere Zeiten lesen kann.

Im Hafenviertel kommen wie schon zu allen Zeiten Händler, Kaufleute, Fischer, Schiffer und Arbeiter zusammen, um Geschäfte abzuschließen, Transportaufträge auszuhandeln oder

Arbeiten zu erledigen. Kaum hört man dabei die Menschen hochdeutsch reden, Platt ist allgemein die Umgangssprache. Güter aller Art kommen hier an oder werden auf Schiffen oder in Güterwagen in die Welt geschickt. Auf der südlichen und nördlichen Seite des Hafens sind Gleise verlegt, die kurze Transportwege und Anschluss an den internationalen Schienenverkehr ermöglichen.

Die Versorgung der Stadt, des Umlandes sowie der Inseln und Halligen geschieht überwiegend per Bahn und Schiff; Lastkraftwagen spielen zu Beginn der 50er Jahre vorerst nur eine kleine Rolle. Die Erzeugnisse der Region wie Getreide, Kartoffeln, Zuckerrüben, Meeresprodukte, Rinder und Schweine gehen von hier zu den Abnehmern in Deutschland und im Ausland. Der Güterumschlag im Hafen wächst von Jahr zu Jahr, und die auf der Werft gebauten Schiffe werden immer größer, so dass Lagerkapazitäten und Hafenanlagen nach und nach erweitert werden müssen. Im Hafenviertel sind die fünfziger Jahre gekennzeichnet von Aufbau und ständiger Veränderung. Am deutlichsten zeichnet sich dies auf der Schiffswerft ab.

Die Werft

Schiffe werden hier bereits seit mehreren Jahrhunderten gebaut. Ungewöhnlich ist der Standort der Werft. Sie liegt am äußersten östlichen Ende des Binnenhafens, quasi mitten in der Stadt. Bis zum Beginn des Zweiten Weltkriegs entstehen unter der Regie von Schiffbaumeistern überwiegend hölzerne Frachtsegler und Fischereifahrzeuge. Für Reparaturaufträge an stählernen Schiffen ist das Unternehmen seit etwa 1900 gerüstet.

1947 kommt der Betrieb in neue Hände. Die erfahrenen Schiffbauingenieure und Brüder Karl Kröger (1902–1963) und Hans Kröger (1905–1971) aus Wismar werden gemeinsam mit ihrem Partner und Schiffskonstrukteur Walter Brauer Eigner der Werft.

Die Brüder Karl (links) und Hans Kröger (rechts) übernehmen 1947 die marode Schiffswerft. In der Bildmitte Hafenmeister Theodor Carstensen

10

Mit gerade mal sechs Mitarbeitern bauen sie den Betrieb wieder auf und halten sich zunächst mit Reparaturen und Umbauten im Auftrag der britischen Militärregierung über Wasser.

Der erste eigene Neubau, der Zollkreuzer *Eiderstedt*, läuft 1949 vom Stapel. 1950/51 werden bereits neun Schiffe abgeliefert, darunter auch vier Auslandsaufträge für die Türkei. In den nächsten Jahren werden vor allem Küstenmotorschiffe, aber auch mehrere Seebäderschiffe gefertigt. Mitte der 50er Jahre ist die Belegschaft auf 150 Mitarbeiter angewachsen. Zehn Jahre später sind es 350 Beschäftigte; die Werft wird zum größten Industriebetrieb der Stadt. Anfang der 50er Jahre werden nur noch wenige Holzschiffe gebaut. Es beginnt die Ära des Stahlschiffbaus.

1952 wird die „Johanna Knudsen" als erstes Stahlschiff fertiggestellt. Es füllt mit seiner Länge von 48,4 Meter die ganze Breite des Hafenbeckens aus.

In der Werfthalle. Schiffsrümpfe werden mit Stahlplatten beplankt und genietet. Der Stahlbau gewinnt immer mehr die Oberhand.

Außengelände der Werft Ende der 50er Jahre.
Mitten in der Stadt wird es zunehmend eng für den Industriebetrieb.

Die „Johanna Knudsen" hat ihren Stapellauf erfolgreich bestanden

1951 läuft der Tanker „Esso Søldafjord" als erstes Seeschiff vom Stapel, 1955 liefert die Werft ihr erstes Passagierschiff aus – die „Uthlande" für die Wyker Dampfschiffsreederei.

Wenn große Schiffe im Binnenhafen vom Stapel laufen, sind das stets besondere Ereignisse für die Husumer. In dem kleinen Hafenbecken sind die Stahlkolosse nur schwer zu manövrieren. Es zeichnet sich ab, dass die Werft bald einen neuen Standort am Außenhafen benötigt, wenn sie bei der Vergabe der immer größer werdenden Bauaufträge mithalten will.

Eine unangenehme Begleiterscheinung des Werftbetriebs stellt der von ihr ausgehende Lärm dar. Ständig hallen die Schläge der Niethämmer durch das Viertel und weit in die Innenstadt hinein. Denn die Schiffe werden in jenen Jahren noch überwiegend im Nietverfahren hergestellt. Erst als Schweißnähte die Nieten ablösen wird es in der Stadt deutlich ruhiger.

Feierabend für die Werftarbeiter. Nach stundenlanger Arbeit mit den Niethämmern klingen die Schläge noch lange in ihren Ohren nach. Viele Arbeiter leiden später an bleibenden Hörschäden.

Über den Lärm beschweren sich die Anwohner kaum, bedeutet er doch: „Es wird gearbeitet". Und eine Arbeit zu haben ist in den Nachkriegsjahren ein hoher, überaus geschätzter Wert.

Der gebürtige Husumer Dietrich Lorenz (* 1936) beginnt 1952 auf der Werft eine Ausbildung zum Tischler. Er ist Vollwaise; vor zwei Jahren hat er innerhalb weniger Monate nacheinander Vater, Mutter und Großvater verloren. Lehrstellen sind in den Nachkriegsjahren äußerst knapp und oft nur über Beziehungen zu bekommen. Er sei „über den Zaun gereicht" worden, erzählt Dietrich Lorenz schmunzelnd. Sein Vormund ist Nachbar von Hans Kröger und handelt mit dem Werftbesitzer die Stelle aus, obwohl kein Bedarf besteht. Als sich der Neuling am ersten Tag in der Tischlerei dem Meister vorstellt, erhält er von dem Mann eine barsche Abfuhr: „Was willst du? Wir brauchen keinen Lehrling!" „Aber Hans Kröger hat gesagt, ich soll heute hier antreten", entgegnet kleinlaut der Besucher. Alle Werkstattmitarbeiter horchen auf, als der Name „Kröger" fällt, und der Meister schlägt umgehend sanftere Töne an.

Hans Kröger herrscht mit Strenge über sein Unternehmen. Rauchen und Alkohol sind absolut verboten. Als er zu einem Mitarbeiter aufblickt, der auf einer Leiter stehend eine Arbeit im Chefbüro ausführt, verzieht sich die Miene des Werftbesitzers merklich und man hört ihn in seinem mecklenburgisch eingefärbten Platt fragen: „Du lutscht doch keen Bonscher?! Du wedst doch, dat ick dat nich hem mog. Dat lenkt von de Arbeit af!" Auch die Nähe des direkt gegenüber der Werft liegenden Lokals „Krug zur Schleuse" und dessen verführerische blondierte Wirtin Thea gefällt ihm nicht. Er sorgt sich um seine Arbeiter, aber er kann ihnen ihr Freizeitverhalten nicht vorschreiben. Als Dietrich Lorenz nach abgeschlossener Lehre und anderweitiger Anstellung noch einmal zur Werft geht, um seine früheren Kollegen zu besuchen, trifft er auf Hans Kröger. Der fragt, wie es ihm geht und wo er jetzt arbeitet und verabschiedet sich mahnend: „Aver hol mi de Lüüd nich mit tau väl Schnacken von de Arbeit af!"

Der Werftchef ist streng und hat stets das Wohl seines Unternehmens, aber auch seiner Mitarbeiter im Blick. Für sie lässt er ein großes Wohnhaus bauen, später noch weitere Quartiere. Wenn Extraschichten nach Feierabend notwendig werden, versorgt er seine Arbeiter mit belegten Broten, gekochten Eiern und Frikadellen, die er in Seiers Gasthof an der Schiffbrücke bestellt. Wenn der „Chef" mal für ein paar Tage wegen geschäftlicher Angelegenheiten verreist, kann er sich auf seine Leute verlassen. Wenn er zurückkehrt, führt ihn sein Gang zuerst zur Helling, um sich den Fortschritt am Schiffbau anzusehen. Oft ist er überrascht und zugleich erfreut, wie weit die Arbeiten in seiner Abwesenheit gediehen sind. Aber Lob kommt nicht über seine Lippen. Wenn er nichts auszusetzen hat und schweigt, deuten seine Arbeiter das bereits als Anerkennung.

Der Lehrling Dietrich Lorenz muss regelmäßig im Laden von Max Trulsen in der Wasserreihe Milch und Butter für die Belegschaft zum Frühstück besorgen. Die Werft schickt ihn auch für andere Erledigungen in die Stadt, etwa zur Firma Mader, um Metallbeschläge zu holen. Das vielseitige Talent und der angenehme Charakter von Dietrich Lorenz fällt sowohl seinem Meister als auch dem Werftbesitzer auf. Schon bald genießt er deren Wohlwollen, erhält besondere Aufträge und wird öfter von der Familie Kröger an ihren Tisch eingeladen. Die herzensgute Ehefrau bedenkt den Lehrling auch öfter mit einem Stück Kuchen oder Torte, wohl auch, weil sie – wissend um seinen Elternverlust – ihm etwas familiäre Wärme geben will. Dietrich Lorenz hat es gut auf der Krögerwerft. Allerdings muss er aufpassen, dass ihn seine Sonderrolle nicht zum Außenseiter bei den Kollegen macht.

Die heikle Aufgabe der Arbeiter in der Slipanlage, die beim Stapellauf die Aufbockhölzer mit ihren schweren Hämmern wegschlagen, möchte er auch mal ausprobieren. „Du willst nach unten zu den Zuchthäuslern?", fragt sein Meister ungläubig. Tatsächlich sind einige unter ihnen, die einst im Gefängnis saßen und diese gefährliche und körperlich anstrengende Arbeit annahmen, weil sie woanders keine Anstellung fanden.

Die Werft gliedert sich in mehrere Abteilungen: Planung und Konstruktion, Stahlbau, Lager, Tischlerei und Lackiererei. Für den mehrfachen Anstrich der Schiffskörper werden Unmengen an Farben benötigt, die auf Nitrobasis hergestellt und bei Verarbeitung entsprechend gesundheitsschädlich sind. Absaugvorrichtungen, Atemmasken, Schutzhelme und andere Sicherheitsvorkehrungen gibt es damals nicht. Auch technisches Gerät für den Transport und die passgenaue Platzierung der großen, schweren Stahlplatten sind noch nicht vorhanden. Zu Beginn der 50er Jahre ist die Werft ein wahrer Improvisationsbetrieb. Dass überhaupt schwimm- und funktionsfähige Schiffe das Werk verlassen können grenzt an ein Wunder.

Im Krieg waren unzählige Schiffe zerstört worden, so dass weltweit ein großer Bedarf an Neubauten besteht. Die Husumer Werft ist zwar in einem desolaten Zustand, aber sie ist dennoch in der Lage, Schiffe zu bauen. Hans Kröger hat gute Verbindungen zu Reedereien und anderen Auftraggebern in Norddeutschland und Dänemark. Zudem hat er in Walter Brauer und Ernst Nicol hervorragende Schiffsingenieure und Konstrukteure an seiner Seite. Das Auftragsvolumen und die Belegschaft steigen in den 50er Jahren kontinuierlich. Es werden nun nahezu ausschließlich Stahlschiffe gebaut – Fischereifahrzeuge, Küstenmotor- und Fahrgastschiffe. Der gebürtige Flensburger Ernst Nicol (* 1923) hat wesentlichen Anteil an deren Entwürfen. Er ist die rechte Hand von Hans Kröger, der ihn immer dabeihaben will, wenn Gäste und Auftraggeber die Werft besuchen.

**Schiffbauingenieur
Ernst Nicol bei einem
Interview für den Rundfunk**

Über dreißig Jahre bis zu seinem Ruhestand 1987 dient er dem Unternehmen und fertigt Baupläne für über dreihundert Schiffe. Ihm ist auch das weltweit eingesetzte unsinkbare Rettungsboot zu verdanken, für das er bereits 1954 ein Modell fertigt. Hans Kröger hat kein Interesse an dem Boot, erlaubt seinem Mitarbeiter aber die Entwicklung auf eigene Kosten.

Nach der Arbeit im Betrieb beschäftigt sich Ernst Nicol zu Hause immer wieder mit seinem Projekt und vollendet es. Er ringt lange mit nationalen und internationalen Behörden um die Anerkennung seiner Erfindung. Schließlich werden 1957 die „Nicol-Rettungsboote" zunächst auf deutschen Schiffen, später auch international erlaubt und bewahren unzählige Menschen vor dem Ertrinken. In vielen Ländern meldet er Patente an und findet Werften, die seine Boote in Lizenz bauen. Eine Konservendose war der Auslöser für seine Idee. Die sah er im Husumer Hafen schwimmen und wunderte sich, das sie nicht unterging.

Das von Ernst Nicol entwickelte Rettungsboot auf Probefahrt vor der norwegischen Küste

Die Fischer, die Krabben und die Händler

Ein anderes bestimmendes Element des Hafenlebens sind die Fischer und ihrer Kutter. Fast täglich fahren die zahlreichen Schiffe zu den küstennahen Fanggebieten hinaus, um die kleinen Meerestiere aufzuspüren und möglichst viele von ihnen in ihre Netze zu bekommen. Wenn sie schließlich in den Hafen zurückkehren, werden sie von den Kindern der Fischer, von den Händlern und ihren Angestellten und neugierigen Besuchern schon erwartet. Die Kutter werden festgemacht und müssen zügig entladen werden, da die Ware leicht verderblich ist. Die gefangenen und bereits an Bord gekochten Krabben liegen sauber ausgelesen in Holzkisten und großen Weidenkörben und gehen nun auf zweirädigen Karren auf den Weg zu den Lägern der Händler.

Zur Hochzeit der Husumer Krabbenfischerei sind hier über fünfzig Kutter registriert. Jedes Schiff besitzt in der Regel drei Mann Besatzung, und an jedem hängt eine Familie, die es zu versorgen gilt. Die Fischhändler mit ihren Familien und ihrem Personal sind ebenfalls auf gute Fänge angewiesen. Auch die vielen Menschen, die zu Hause regelmäßig für die Fischhändler die Krabben pulen, begrüßen die Einkünfte, die ihnen die mühesame Arbeit einbringt. Nicht zu vergessen die Fischmehlfabrik in Mildstedt, die von der Verarbeitung des Beifangs lebt. Es sind mehrere hundert Menschen, die direkt oder indirekt vom Krabbenfang abhängig sind. Die Krabben halten eine kleine Industrie am Laufen.

Viele Fischer leben mit ihren Familien im Hafenviertel. Ihre Wege zum Kutter und nach Hause sind kurz. Die Fangzeit geht vom Frühjahr bis zum Spätherbst. In den Wintermonaten und an Tagen, an denen die Fischer nicht hinaus fahren, werden Kutter und Fanggeschirr gewartet. Dann sieht man die Männer häufig beim Netzeflicken oder bei Arbeiten an ihren Schiffen, in die sie große Summen gesteckt haben, und die ihnen, ihren Familien und Helfern die Existenz sichern.

Kutterpflege an der „Waschbrücke" auf Rödemishallig,
eine vom Tönninger Schifffahrtsamt erbaute Anlage für die Fischerboote

Am Außenhafen vor dem Hafenamt: Fischer reparieren ihre Netze.
Anfang der 50er Jahre lösen die haltbareren Perlonnetze die Baumwollnetze ab.

Abnehmer der Krabben sind die 1948 von 28 Fischern gegründete Fischereigenossenschaft, die Fischhändler Loof und die Firma Uhr sowie die Krabben-Konservenfabrik Johannes Nachtigall an der Kleikuhle.

Auf der zweirädrigen Schottschen Karre werden die vollen Körbe transportiert

Ehe die Krabben in den Konserven eingekocht oder in den Läden verzehrbereit angeboten werden können, müssen sie entschält werden. Die Händler liefern sie zu diesem Zweck in viele Privathaushalte in der Stadt und in umliegenden Dörfern. Noch am gleichen Tag werden die gepulten Krabben wieder abgeholt. Das alles ist gut organisiert und wird viele Jahre so praktiziert. Strenge Hygienevorschriften gibt es kaum.

In den Küchen vieler Privathaushalte werden die Krabben gepult und auch mal verkostet.

Den Beifang verarbeitet eine Fischmehlfabrik in Mildstedt, die ihre üblen Gerüche kilometerweit verbreitet. Mehrere Jahre nimmt auch eine Nerzfarm Beifänge ab.

Nachwuchsprobleme haben die Fischer nicht. Die meisten ihrer Jungen sind stolz auf den Beruf ihrer Väter, fahren in den Sommerferien oft mit ihnen hinaus zu den Fanggründen und helfen gern an Bord. So ist der Übergang von einer zu nächsten Generation in der Regel unproblematisch und fließend.

Die Fischerjungen sind in den Sommerferien häufig an Bord und helfen mit.

Anlieferung gefangener Krabben bei der Fischereigenossenschaft

Oft zieht es Publikum zu den Krabbenfischern

Auch der Beifang, der als Gammel in die Fischmehlfabrik geht, ist für Neugierige interessant.

Nach getaner Arbeit ist ein kleiner Schnack stets willkommen

Zeitweise sind es über fünfzig Kutter, die hier registriert sind. Wenn sie alle im Außenhafen liegen, geben sie ein imposantes Bild ab.

Als Husum 1953 sein 350jähriges Bestehen feiert, sind auch die Fischer mit geschmücktem Umzugswagen dabei.

Die Krabbenfischer bilden eine Gemeinschaft mit gleichen Interessen und Sorgen. Viele sind in der Fischereigenossenschaft organisiert und helfen sich gegenseitig. Nicht jeder besitzt etwa eine Transportkarre. Sie auszuleihen ist allgemein üblich. Und im Winter feiern sie gern zusammen auf ihrem jährlichen Fischerball im „Gasthaus zur Nordsee" (später umbenannt in „Friesenkrog") an der Kleikuhle, später dann im „Handwerkerhaus" in der Süderstraße.

Tanzvergnügen auf dem Fischerball

Doch wenn es darum geht, als erster gute Fangplätze auszumachen und Mitbewerber hinter sich zu lassen, kämpft jeder für sich allein. Bei so viel Konkurrenz wird es dann sogar auf dem Meer manchmal eng.

Auf dem Meer kämpft jeder für sich allein

33

Sie fischen nicht nur Krabben, auch Schollen, Seezungen und andere wertvolle Fischarten verfangen sich im Netz. Nach stürmischen Tagen schenkt ihnen das Meer auch manchen schönen Bernsteinbrocken und im Winter 1949 sogar Tausende Orangen, die ein spanischer Frachter durch eine Havarie verliert.

Eine gesuchte Dekorationsware ist getrocktnetes Seemoos. Dabei handelt es sich um eine Korallenart mit feinen Verästelungen. Das auch als Meerschaum bekannte Naturprodukt eignet

Seemooswäsche im Hafen

Kinder verdienen sich mit dieser Arbeit etwas Taschengeld

sich gut zur Darstellung von Bäumen im Architekturmodellbau und für Modellbahnland-schaften. Früher wurde angeschwemmtes Seemoos tonnenweise an den Stränden gesammelt.

Später wird es gewerbsmäßig mit Kuttern gefischt und zeitweise sogar nach Amerika exportiert.

Viele Fischer rüsten ihr Fanggeschirr für dieses Meeresgewächs um, das sie im September vor Amrum, Sylt und Hallig Gröde „fischen". Deren Ernte ist zeitweise einträglicher als der Krabbenfang. Als Kunststoffe die Naturware verdrängen, hört die Seemoosfischerei auf.

Einige Fischer ernten mit ihren Kuttern nach Ende der Krabbensaison auch Miesmuscheln oder fahren mit Helfern bei ablaufendem Wasser aufs Wattenmeer und lassen ihr Schiff trockenfallen. Dann graben die Helfer große Sandklaffmuscheln aus, die in den Hungerjahren nach dem Krieg als Bereicherung des Speiseplans sehr begehrt sind. Als die Notzeit vorbei ist, verebbt auch die Nachfrage nach den fleischigen Muscheln.

Frauen in Stiefeln, dick eingehüllt gegen die Winterkälte, vereinzeln die zusammengewachsenen Miesmuscheln am Förderband

Technische Navigationshilfen haben die Kutter noch nicht an Bord. Da sie aber dicht an der Küste fischen, weil sich die Krabben am liebsten in den wärmeren flachen Gewässern aufhalten, finden die Kapitäne normalerweise problemlos in den Hafen zurück. Wenn jedoch Sturm aufzieht oder sich dichter Nebel über das Wattenmeer legt, wird es für Kutter und Besatzung gefährlich. Drohender Sturm und dessen Windrichtung wird den Fischern in Stuffhusen auf Eiderstedt angezeigt. Dort am äußersten nordwestlichen Festlandspunkt steht ein hoher Mast, auf dem daran festgemachte Symbole den Kapitänen die Wetterlage anzeigen.

Bei Nebel geben die tieftönigen Signale des Nebelhorns an der Dookkoogspitze den heimkehrenden Fischern Orientierung bei der Hafeneinfahrt.

Es sind Büsumer Fischer, die hier 1916 die Krabbenindustrie begründen, als mehrere von ihnen mit Schiffen, Hausrat und Familien nach Husum ziehen. Jahrzehntelang wohnen sie verteilt im Hafenviertel und in angrenzenden Stadtteilen in teilweise sehr beengten Verhältnissen. Sie wünschen sich einen gemeinsamen Platz zum Leben, möglichst nah am Hafen bei ihren Schiffen. 1956 können sie in der eigens für sie geschaffenen Fischersiedlung südlich vom Außenhafen hinterm Deich Richtfest für 35 Einfamilienhäuser feiern. Drei Jahre später kommen noch 22 Häuser dazu. Fritz Lorenzen, ein Fischer aus ihren Reihen, ist maßgeblich an der Realisierung des Projekts beteiligt, mit dem Husum die Verdienste der Fischerfamilien für die Stadt würdigt.

Im Juni 1956 feiern die Fischerfamilien Richtfest in der neuen Fischersiedlung

37

Im selben Jahr wird der neue Fischereihafen am Rödemispriel fertiggestellt. Nun haben die zahlreichen Kutter mehr Platz, müssen nicht mehr in großer Enge an der nördlichen Hafenmauer festgemacht werden, und die Fischer haben es nicht weit zu ihren Liegeplätzen.

Eingeschlossen von einem dicken Eispanzer liegen die Kutter im neuen Fischereihafen auf der Südseite des Außenhafens vertäut.

Die Akteure der Hafenwirtschaft

Es sind große und kleine Unternehmen, die sich am Hafen angesiedelt haben und die Wirtschaft der Stadt beleben. Neben der Schiffswerft sind es Händler von Waren aller Art, Spediteure, Betriebe der Lebensmittelverarbeitung, Handwerker, Kaufleute und Dienstleistungsbetriebe. Das Betätigungsfeld vieler dieser Betriebe ist eng mit der Schifffahrt und der Fischerei verwoben. Über das Meer und auf der Schiene kommen Kohlen aus dem Ruhrgebiet,

Holz aus Skandinavien, Baumaterialien und andere Güter in den Hafen, um von hier aus weiter verteilt zu werden. Umgekehrt gehen von hier Schiffe, Vieh, Getreide, Dünger, Krabben, Muscheln und Seemoos auf die Reise zu ihren Abnehmern in Deutschland und im Ausland. In Ermangelung moderner Transporttechnik werden viele Güter noch von Hand oder mit der Schaufel befördert.

Sackweise wird von Hand verladen, hier Kalkgesteinsmehl

Einst stand an der Hafenstraße ein großer Kalkbrennofen, der Muscheln in Baukalk verwandelte

Der Schiffsmakler

Am Außenhafen hat Schiffsmakler Wilhelm E. F. Schmid sein Büro, das Dreh- und Angelpunkt für die Versorung der Inseln und Halligen ist.

Im Hintergrund das Bürogebäude von Schiffsmakler Schmid

Im Vordergrund: Der gesamte Postverkehr zu den Inseln und Halligen wird in den 50er Jahren über den Hafen abgewickelt.

Das Maklerbüro organisiert die Abfertigung und Verschiffung von Waren, Gütern und Lebendvieh von und zu den „Uthlanden", wie die Insel- und Halligwelt hier genannt wird, fertigt Zollunterlagen, kontrolliert Ein- und Ausgänge der Schiffsladungen und versichert die Transporte. Auch die Fahrgast- und Personenschifffahrt ins Wattenmeer wird von dem Büro am Hafen betrieben. Bevor der Makler 1949 sein Geschäft eröffnet, liegt die Vermittlung von Schiffsfrachten in den Händen des Gastwirts Jacob Jessen, in dessen Lokal „Gasthof zur Nordsee" an der Kleikuhle sich Kapitäne und Händler gern treffen. Lange bevor es den Beruf des Schiffsmaklers gibt, wurden Seefrachten üblicherweise in Hotels und Gastwirtschaften am Hafen verhandelt. Wenn die Schiffer und Kaufleute nicht direkt vor Ort ihre Geschäfte tätigen konnten, übernahm oft der Wirt die Rolle des Mittlers. So entstanden hier provisorische Schifffahrtsbörsen. Für seine Vermittlungsdienste erhob der Wirt eine angemessene Gebühr und kommt auf diese Weise zu einem schönen Nebenverdienst. Nachdem die Firma Schmid 1949 ihr Büro eröffet, geht das Maklergeschäft bald gänzlich in dessen professionelle Hände, und die Nebenerwerbsquelle des Gastwirts versiegt.

P. Peters

Das Lagerhaus- und Handelsunternehmen P. Peters mit seinem großen Speichergebäude an der Südseite des Innenhafens spielt im Handelssektor eine wichtige Rolle. Es ordert in großem Umgang Kohlen, Diesel und Heizöl und versorgt Fischer, Haushalte, Unternehmen und die Landwirtschaft mit Heizmaterial und Treibstoff, damit die Motoren in den Fahrzeugen und Betrieben laufen und die Menschen im Winter ihre Öfen heizen können.

Zunehmend verdrängt Heizöl die Kohle als Brennstoff. Immer mehr Haushalte und Betriebe steigen auf Ölheizung um. 1954 legt sich die Firma P. Peters zwei Öltanks à 50.000 Liter zu, um der steigenden Nachfrage gerecht werden zu können. Heizöl ist damals billig und eine Ölheizung bequem zu handhaben.

In den 50er Jahren steht Kohle als Heizmaterial an erster Stelle. Lange Zeit kommt sie aus England per Schiff, später in den Nachkriegsjahren mit der Eisenbahn aus dem Ruhrgebiet. Viele Händler im Hafenviertel machen gute Geschäfte mit der begehrten Ware. Es ist nicht nur der Großhändler P. Peters, der mit Kohlen handelt. Auch Gastwirte und Fischhändler lagern den Brennstoff und verkaufen ihn in kleineren Partien. Jeder Haushalt benötigt große Mengen an Kohlen für den Winter. Neben Brot und Kartoffeln sind sie das Bedarfsgut Nr. 1 für das tägliche Leben.

Die Krabben-Konservenfabrik

In der Fangsaison werden täglich große Mengen der Krabben im Hafen angelandet und müssen verarbeitet werden. Der Unternehmer Johannes Nachtigall besitzt eine kleine Konservenfabrik,

Anlieferung fangfrischer Krabben in der Konservenfabrik an der Kleikuhle

in der Krabbenfleisch in Dosen gepackt und versiegelt wird. Anschließend geht die Ware als Delikatesse dorthin auf die Reise, wo sie gefragt ist. Da Krabben überwiegend im Frühjahr und im Herbst gefangen werden, muss sich die Firma Nachtigall etwas einfallen lassen, womit sie sonst noch Geld verdienen kann. Mit Kohlen und Muscheln verbreitert sie ihre geschäftliche Basis. Es sind Miesmuscheln, Herz- und Sandklaffmuscheln, die begehrt sind und hier an der Küste in großen Beständen vorkommen. Für Nachtigall wird der Handel mit diesen Meeresprodukten für viele Jahre zu einem lukrativen Geschäft.

Der Hafenmeister und sein Amt

Als Vertreter des Staates residiert Theodor Carstensen mit zwei Mitarbeitern im kleinen Hafenamt am Außenhafen und wacht darüber, dass hier alles richtig läuft.

48

Die Landesbehörde überwacht die Einhaltung der Hafenordnung, erhebt von den Kapitänen Liegegebühren, gibt die notwendigen Papiere für Seeleute aus und ist zudem Strandamt, das bei einer Strandung für die Rettung und Bergung sowie für die Sicherstellung von Strandgut zuständig ist. Theodor Carstensen ist in seiner Funktion als Hafenmeister gleichzeitig Strandhauptmann und Schleusenmeister.

Er genießt Ansehen und Respekt – auch als Privatperson wird er allgemein geschätzt. Er kommt mit den Leuten gut zurecht, ist am Hafen stets gegenwärtig und ansprechbar. Er war einst selber Seemann und mag seinen abwechslungsreichen Beruf, der ihn mit den unterschiedlichsten Menschen und Charakteren zusammenbringt. Ihn kennen hier alle. Seit 1947 hat er den Posten inne, und seine Dienstwohnung liegt nur ein paar Meter vom Hafenamt entfernt. Als er in Pension geht, vermissen viele „ihren" Hafenmeister. Doch Theodor Carstenen bleibt im Hafenviertel präsent. Bis zu seinem Tod im Jahr 1984 lebt er mit seiner Frau unweit von seiner bisherigen Wirkungsstätte in einem kleinen Häuschen im Westerende Nr. 10.

Das Hafenviertel und seine Bewohner

Bereits vor mehreren Jahrhunderten war die Stadt in Viertel eingeteilt, die damals Quartiere genannt wurden. Das 5. Quartier hatte die Bezeichnung Westerende und wurde begrenzt durch die Langenharmstraße, die Deichstraße und die Wasserreihe, die mit ihren Gartengrundstücken bis zur Husumer Au, also bis zum Hafenkante reichte. Die Schiffbrücke gehörte nicht dazu. Heute ist die Stadt verwaltungsmäßig nicht mehr in Viertel eingeteilt. Wenn hier vom Hafenviertel gesprochen wird, ist der unmittelbare Bereich um den Hafen gemeint, zu dem auch die Schiffbrücke zählt, obwohl die Schiffbrücke historisch und aufgrund ihrer Gebäude- und Bewohnerstruktur eigentlich nicht dazugehört.

Viele Bewohner des Hafenviertels gehen hier auch einer Arbeit nach oder führen ein Geschäft. Man begegnet sich oft täglich, kennt sich. Es gibt familiäre Verflechtungen, geschäftliche Verbindungen, Nachbarschaften und gegenseitige Abhängigkeiten. Das Viertel ist so etwas wie ein Dorf am Rand einer Stadt. Was seine Bewohner unmittelbar zum Leben brauchen, bekommen sie hier vor Ort. Es gibt Kaufmannsläden, Schlachter, Fischgeschäfte, Bäcker, Friseure, Tabakläden, ein Milchgeschäft und zahlreiche Gasthäuser und Lokale.

Maruschka

Man sieht sie oft im Hafenviertel. Viel wissen die Leute nicht von ihr. Ihrem Dialekt nach könnte sie aus Ostpreußen stammen; vielleicht kam sie mit einem der Flüchtlingstrecks hierher. Sie ist alleinstehend und bewohnt ein kleines, bescheidenes Häuschen in einem Hinterhof in der Rosenstraße, für dessen Kauf sie lange sparen musste.

Maruschka. Porträt von 1982, gemalt von „Roland"

Sie ist sich für keine Arbeit zu schade und kämpft sich tapfer durchs Leben. Mutter Maruschka, wie sie liebe- und respektvoll im Viertel genannt wird, ist stets in der selben sackartigen Kleidung unterwegs. Ihren dunklen Rock schützt eine bodenlange Gummischürze, in der sie alles nach Hause trägt, was sie auf der Straße aufliest und für sie wertvoll ist: Kohlen und Eierbriketts, die von den Waggons fallen, und Pferdeäpfel, die kostbaren Dünger für ihren kleinen Garten abgeben. Wenn bei der Firma Nachtigall in den Wintermonaten Muscheln gesäubert und versandfertig gemacht werden, gehört sie immer zu den Helferinnen. Die harte Winterarbeit lässt manche krank werden, aber Maruschka beißt sich durch und fehlt nie. Sie ist auch die Fleißigste beim Ausgraben der großen Sandklaffmuscheln im Wattenmeer – eine körperlich schwere Arbeit. Immer sieht man sie auf dem Wochenmarkt, wo sie am Stand des Fischhändlers „Schmul" aus der Süderstraße dessen Ware verkauft. Und vor dem Geschäft von Kaufmann Pahl am Westerende fegt sie regelmäßig gegen ein kleines Handgeld den Bürgersteig. Sie ist ein Husumer Original, an das sich viele noch lebhaft erinnern.

Muschelanlandung und Einsackung im Hafen

Die Frau mit Kopftuch (links im Bild), die unter Aufsicht eines Vorarbeiters Säcke zubindet – das könnte Maruschka sein.

Die Wasserreihe

Ursprünglich besaß die Häuserfront der nördlichen Seite der Wasserreihe unverbauten Hafenblick. Davor lagen nur vereinzelt Gebäude, ansonsten nur dazugehörige Gärten und Grundstücksflächen. Die südliche Häuserzeile soll erst etwa drei Jahrhunderte später, die Hafenstraße dagegen erst nach 1870 entstanden sein, nachdem der Binnenhafen durch Kaimauern befestigt worden war. Gleichzeitig wurde der Hafen erheblich verbreitert und die damals bis ans Ufer der Husumer Au führenden Grundstücke der Wasserreihe wurden erheblich verkleinert. Überwiegend lebten hier Handwerker und Schiffer, im 19. Jh. auch Künstler: Im Haus Nr. 31 wohnte der Dichter Theodor Storm, im Haus Nr. 19, später in Nr. 46 der Porzellanmaler Christian Saß und im Haus Nr. 9 wurde 1823 der spätere Maler Hans Nicolai Sunde als Sohn eines Schiffers geboren. Die Häuser mit geraden Nummern liegen südlich, die ungeraden nördlich.

In den 50er Jahren ist es vor allem eine begehrte Wohnstraße, denn von hier aus hat man kurze Wege zur Innenstadt und zum Hafen. Hier wohnen Schiffer, Kaufleute, Handwerker, Angestellte und Ruheständler. Der Malerbedarfshändler Wilhelm Henkens, der ein Ladengeschäft an der Schiffbrücke führt, unterhält in der Straße mehrere Lagergebäude, darunter das Speicherhaus Nr. 14. Auch der Kolonialwarenhändler Momme Jürgensen, der ebenfalls einen Laden an der Schiffbrücke besitzt, hat im Haus Nr. 37 ein großes Warenlager. Außerdem existieren hier je zwei Schlachter und Friseurgeschäfte, ein Lebensmittelgeschäft, ein Bäcker, ein Fischladen, ein Obst- und Gemüsegroßhandel, ein Tabakladen sowie ein Tabakwarengroßhandel, je ein Schmied, ein Uhrmacher, ein Optiker und im Haus Nummer 32 der Milchladen von Max Trulsen. Seine Berufsbezeichnung ist „Milchverteiler", das sind Kleinhändler, die mit behördlicher Genehmigung Milch und Buttermilch mittels eines Milchwagens an die Bevölkerung abgeben dürfen. Max Trulsen ist offenbar nicht mehr mit einem solchen Wagen unterwegs. Viele Familien des Viertels kaufen in dem Laden täglich frische Milch, denn in den Haushalten gibt es noch keine Kühlschränke, die eine Bevorratung ermöglichen. Es gibt dort auch Butter, die vom Block geschnitten wird. Sonntags sieht man stets Frauen und Kinder mit

In der Wasserreihe sind viele Häuser zugleich Wohn- und Geschäftshäuser.

Schüsseln vor dem kleinen Geschäft für Schlagsahne anstehen, die Nachtische und Torten krönen soll. Ein paar Häuser weiter bietet ein Stubenladen Eier und frische Halligbutter an. Für den täglichen Bedarf müssen die Anwohner des Viertels nicht die Innenstadt aufsuchen; in der Wasserreihe können sie alles Nötige kaufen.

Mehrere Geschäfte in der Straße haben Zugänge in die oberhalb gelegene Rosenstraße und unterhalb zur Hafenstraße. Der Roß- und Notschlachter Andreas Albertsen hat seinen Laden in der Wasserreihe 13, seinen Schlachtbetrieb jedoch in der Rosenstraße. Nebenan im Haus Nr. 15 wohnen die „Damen des Gewerbes" und gehen ihrem „Geschäft" in der Rosenstraße 16 nach. Der im Hafenviertel aufgewachsene Hans Friedrich Nielsen erinnert sich, dass jedes Kind zu Weihnachten, zur Konfirmation oder für Besorgungen „immer eine große Aufmerksamkeit" von den Damen erhalten hat. Er weiß auch zu berichten, dass das Haus einen Keller besaß, der im Krieg als Luftschutzkeller diente. Die Damen versorgten die Schutzsuchenden mit Bananen, Apfelsinen, Schokolade und belegten Brötchen – seltene Köstlichkeiten in jener Zeit. Immer ist ihr Haus beim Rummelpottlaufen zu Silvester die beste Adresse. Die Kinder werden hier stets reichlich beschenkt. Auch bei anderen Gelegenheiten stecken ihnen die Damen manchen Groschen zu. Jürgen Kordt (* 1940), Sohn des Friseurmeisters Heinrich Kordt, wohnt mit seiner Familie einige Jahre in der Rosenstraße gegenüber dem Etablissement. Wenn ihn Männer fragen, was ein „Besuch" bei den Damen kostet, sagt er „zwanzig Mark" und hört: „Das ist ja gar nicht so teuer." Wenn sie später zur Kasse gebeten werden, müssen sie jedoch einiges mehr bezahlen. Lucie, die Haushälterin des Bordells, das im Viertel der Kinder wegen „Kaffeehaus" genannt wird, antwortet dem Jungen, als er noch mal nach dem Preis fragt: „Sag ruhig, es kostet zwanzig Mark." Denn sind die Kunden erst im Haus, schnappt die Falle zu. Wenn jemand aufmuckt oder Ärger macht, holt die Bordellchefin ihre großen Hunde zur „Klärung". Nicht nur nachts, auch am Tag erscheinen die Kunden. Es sind auch bekannte Geschäftsleute aus der Stadt, die dem Haus einen Besuch abstatten. Manche Kunden wählen nicht den direkten Weg in die Rosenstraße, sondern steuern das Kaffeehaus über die Wasserreihe an. Doch wer dort hineingeht oder herauskommt muss damit rechnen, gesehen und erkannt zu werden. Denn an lauen Sommerabenden treffen sich auf der gegenüberliegenden Seite oft Anwohner zu einem Plausch und schauen auch durchaus interessiert darauf, wer so alles jenes Haus betritt oder verlässt. Es gibt kaum einen anderen Ort im Viertel, der so viel Spannung und Neuigkeit verspricht.

Anwohnerinnen und Kinder aus der Rosenstraße

Der Obst- und Gemüsehändler Harro Wulf verkauft seine Ware in seinem Laden in der Rosenstraße, seine Wohnung hat er jedoch in der Wasserreihe 5.

Im Haus Wasserreihe 11 hat Friseurmeister Heinrich Kordt seinen Salon für Damen und Herren. Am östlichen Ende der Straße gibt es einen weiteren Friseur. Doch Heinrich Kordt ist in dem

Viertel beliebt. Den Kindern seiner ärmeren Kundschaft schneidet er oft kostenlos die Haare, wenn die Schulfeste bevorstehen.

Schulfestumzug durch die Wasserreihe. Im Hintergrund der Schlachterladen Albertsen.
An der Stange vor dem Fenster hängen oft Schweinehälften, um Käufer anzulocken.

Viele seiner Kunden sind Fischer, die oft direkt nach getaner Arbeit in ihrer Kluft im Salon erscheinen, um sich rasieren zu lassen. Einige Geschäftsleute kommen jeden Tag zur Rasur. Bei Kordt kostet sie nach der Währungsreform 1948 und noch lange danach zehn Pfennige und wird schnell und perfekt ausgeführt. Für einen Haarschnitt nimmt der Friseur achtzig Pfennige. Es kommt vor, dass Fischer mit Schollen oder Krabben bezahlen. Heinrich Kordt hat vier Söhne, drei von ihnen erlernen den Beruf des Vaters. Einer übernimmt auch später das elterliche Geschäft.

Im Haus Wasserreihe 10 leben viele Parteien: Familen, Ehepaare oder Einzelpersonen. Darunter auch die Familie Eckholt, die im Erdgeschoss einen Tabakladen besitzt. Anni Eckholdt ist die Inhaberin und wird das Geschäft 37 Jahre lang führen. Ihr Mann arbeitet zeitweise in der Krabben-Konservenfabrik. Nur ein einziges Mal gönnt sich das Ehepaar einen kurzen Urlaub an der Schlei. Es wagt nicht, wegen Krankheit oder Abwesenheit zu schließen, weil es die Abwanderung der Kundschaft zur Konkurrenz fürchtet. Immer an Heiligabend haben die Eckholdts bis spät am Abend geöffnet, denn viele Geschäftsleute, die in ihren eigenen Läden noch bis Geschäftsschluss verkaufen, benötigen auf die Schnelle noch hochwertige Zigarrenpräsente und wissen, dass sie im Tabakladen in der Wasserreihe fündig werden. Für Anni Eckholdt sind das immer die besten Geschäfte, wenn die Unternehmer Mader, Nachtigall, Topf und andere bei ihnen hochpreisig einkaufen.

Dieter Eckholdt (* 1937), einziger Sohn der Familie, geht 1953 bei dem Malermeister und Schriftenmaler Hans Krekeler in die Lehre. Es ist das Jahr, in dem die Stadt ihr 350jähriges Bestehen feiert. In seinem Lehrbetrieb werden Tag und Nacht Schilder und Beschriftungen für die zahlreichen Festbuden und Firmenpräsentationen angefertigt. Einige Jahre später kommt das Fernsehen auf. Im Schaufenster von Radio Schröder ist die neue Attraktion zu bestaunen. Dort sieht man viele Menschen, die sich an der Scheibe die Nasen plattdrücken, um die flimmrigen Bilder zu sehen. Das Thomas-Hotel in der Großstraße bietet Fernsehen gegen ein kleines Eintrittsgeld. Nach seiner Lehre setzt Dieter Eckholdt alles daran, sich den Traum vom eigenen Fernseher zu erfüllen. Er spart fleißig, arbeitet auch nach Feierabend, und kann schließlich für viel Geld seinen Wunsch verwirklichen. Bei großen Sportübertragungen und Rate-Shows mit Peter Frankenfeld werden im elterlichen Wohnzimmer notdürftig Bänke improvisiert, sodann kann der vergnügliche Fernsehabend beginnen. Die Bude ist voll, die Stimmung stets ausgelassen. Freunde und Nachbarn genießen diese Abende bei Eckholdts.

Der Omnibusbahnhof an der Roten Pforte.
Auf der linken Seite im Flachgebäude befindet sich das Geschäft von Radio Schröder.

59

Das Westerende

Im unteren hafennahen Westerende finden wir den kleinen Tabakladen Bonitz, den Bäcker Jensen und auf der Ecke zur Rosenstraße Kaufmann Wilhlem Pahl mit seinem Geschäft. Neben dem üblichen Lebensmittelangebot führt der Kaufmann auch Bedarfsartikel für die Fischer: Taue, Ölmäntel, Südwester, Maschinenfette und Motorenöle. Im Hafenviertel gibt es mehrere Händler, bei denen die von Fischern und Seeleuten benötigten Materialien zu haben sind. Der nächste Kaufmann befindet sich nur ein paar Häuser weiter in der Wasserreihe. Daher setzt Wilhelm Pahl auf gezielte Werbung für sein Geschäft, nicht nur über die Zeitung. Im Laden mahnt ein Schild die Kundschaft: „Es darf dir nicht egal sein, der Kaffee muß von Pahl sein." Der geschäftstüchtige Kaufmann besitzt am Omnisbusbahnhof in der Roten Straße und im Haus Neustadt Nr. 1 zwei weitere Geschäfte mit Kaffee und Konfitüren.

Viele Menschen rauchen Zigaretten, Pfeifen oder paffen Zigarren. In der Stadt gibt es zahlreiche Läden, die ausschließlich vom Tabakumsatz und Spiritousenverkauf existieren können. Offenbar auch das kleine Geschäft von Jens Bonitz, das eher als Stubenladen anzusehen ist. Bei Bäcker Johannes („Hannes") Jensen, Westerende 10, kauft das ganze Viertel ein. In der Vorweihnachtszeit bringen viele Hausfrauen ihre belegten Kuchenbleche in die Backstube zum Ausbacken von Keksen und Pfeffernüssen, denn die eigenen Küchen und Öfen eignen sich oft nicht für das große Weihnachtsbacken. Täglich wabern verlockende Aromen aus der Backstube durch die Straße und animieren zum Kauf der frischen Bäckerware. Anni Eckholdt aus der Wasserreihe schickt ihren Jungen zum Einkaufen nicht nur zu diesem Bäcker, sondern im Wechsel auch zur Bäckerei Pingel in ihrer Straße. Denn die beiden Bäcker gehören zu ihren Kunden, die sie nicht verprellen möchte. Aber ihr Sohn Dieter geht lieber zu Bäcker Jensen, weil ihm dessen Bienenstiche so gut schmecken. Bei Bäcker Pingel gibt es sonntags leckere Rundstücke, an Werktagen oft Kuchenreste umsonst – für Kinder ohne Taschengeld eine verlockende Adresse. Manche Bewohner des Viertels kaufen auch bei einem mobilen Händler aus Mildstedt, der hier regelmäßig seine Kundschaft mit dem Bäckerwagen aufsucht.

Im Eckhaus Nr. 11, gegenüber von Kaufmann Pahl, wohnt der Krabbenfischer Claus Laß mit seiner sechsköpfigen Familie – später werden noch zwei weitere Kinder geboren. Er hält sieben Schweine, einige Kaninchen und Tauben. Denn die Fischerei ist wetter- und saisonabhängig, da ist es gut, die Ernährung der großen Familie zusätzlich abzusichern. Wenn der Familienvater von seiner täglichen Fangtour mit einem Eimer voll Fische für seine Schweine heimkehrt, wittern ihn die Tiere lange bevor er den Stall betritt und schreien in Erwartung ihres Futters so laut, dass sie im ganzen Viertel zu hören sind. Fast täglich kauft die Familie bei Bäcker Jensen ein, denn zum Kaffee verlangt der Fischer stets nach süßem Kuchen. Zu Mittag gibt es gelegentlich Fleischrouladen, die beim Roßschlachter Albertsen in der Wasserreihe besorgt werden. Nebenan im Haus Nr. 11 hat Friseur Heinrich Kordt sein Geschäft. Jeden Sonnabend kehrt Claus Laß hier ein, um sich rasieren oder die Haare schneiden zu lassen. Ganz nebenbei erfährt er so, was in den letzten sieben Tagen alles im Viertel passiert ist. Im Sommer mag die Familie gern Eis, zu Erdbeeren unbedingt Vanilleeis. Dann schickt Mutter Rosa eines ihrer Kinder mit einer Schüssel zur Eisdiele Cortina, um dreißig Eiskugeln zu holen. Dann heißt es für den Boten einen schnellen Gang einzulegen, da sonst nur noch Vanillesuppe zu Hause ankommt. Für die kühle Leckerei muss auch noch Schlagsahne im Milchladen in der Wasserreihe besorgt werden. Bei Cortina gäbe es sie auch, aber Rosa schwört auf die besondere Qualität der Trulsenschen Ware.

Fischer Claus Laß auf seinem Kutter „Zukunft"

62

Die Familie Laß gehört zu den Ersten im Viertel, die sich einen Fernseher kaufen, denn Vater Laß ist fußballverrückt. Er selbst spielt mit seiner Mannschaft bei „Frisia" und möchte die Übertragungen der großen Fußballspiele hautnah am Bildschirm erleben. Er schreibt Tagebuch über seinen Fischeralltag, über Fänge, Wetterlagen und Einkünfte. Die Ergebnisse der eigenen Fußballmannschaft wie die der Nationalelf werden darin auch vermerkt. „Sein" Verein ist der Hamburger Sportverein, in dem die Brüder Uwe und Dieter Seeler große Stars sind. Als Claus Laß 1961 nochmal Vater von Zwillingen wird, gibt er ihnen die Namen Uwe und Dieter.

Die Bewohner im unteren Westerende haben, wenn sie vor ihre Haustür treten, direkten Blick zum Hafen und auf das dortige Geschehen. An lauen Sommerabenden sieht man sie oft vor ihren Häusern stehen oder sitzen. Sie plaudern über die alltäglichen Dinge des Lebens und lassen den Tag entspannt ausklingen.

Westerende; der Blick geht nach Süden in Richtung Hafen
Ganz links das Eckhaus Westerende/Rosenstraße von Kaufmann Pahl

Die Winter sind oft kalt und schneereich. Nicht selten ist das Viertel eingeschneit. Dann bleibt den Anwohnern nichts anderes übrig, als selbst Hand anzulegen und sich Wege freizuschaufeln. Räumdienste befreien in erster Linie die Hauptverkehrswege, die kleinen Straßen in der Stadt bleiben sich und den Bewohnern weitgehend selbst überlassen. Hier im Westerende gibt es auch kaum Verkehr, für den die Straße geräumt werden müsste. Es genügt, kleine Pfade freizuschaufeln, damit die Bewohner ihre täglichen Geschäfte erledigen und die Kinder zur Schule gehen können. Die Schneeberge in der Straße werden toleriert – wohin auch mit den Massen.

Die Kleine Straße

Wie ihr Name es schon sagt, ist es eine kleine, schmale Wohnstraße mit kleinen Häusern. Hier wohnen Arbeiter, Handwerker und mehrere Fischer. Alle Fischerfamilien besitzen viele Kinder, so dass es in deren Häusern recht eng zugeht. Als 1956 die Fischersiedlung entsteht, ziehen sie dorthin um und haben endlich ein eigenes Haus, einen Garten und viel Platz.

In der Kleinen Straße Nr. 5 wohnt die Witwe Marie Herpel mit ihren fünf Kindern. Ihr Mann kam schon zu Beginn des Krieges ums Leben. So muss sich die Mutter mit ihren Kindern allein behaupten. Ihr Sohn Reinhold (* 1934) lernt 1949 bei Claus Laß, der nur ein paar Häuser weiter wohnt, den Fischerberuf. Später entwirft und baut er nacheinander seine eigenen Kutter, drei an der Zahl. Auch sein Haus in der Fischersiedlung und ein weiteres Haus baut er weitgehend eigenständig. Ständig optimiert er die Aufbauten an seinem Kutter. Wenn die Fischer viele Krabben fangen, gilt es, diese möglichst gleich nach dem Fang zu kochen, da sie schnell verderben. Wer nur eine Kochvorrichtung an Bord hat, ist mit vollen Netzen schnell überfordert. Daher hat Reinhold Herpel auf seinem Kutter drei Kocher installiert. Er ist nicht nur Fischer. In ihm steckt ein Tüftler, Konstrukteur und Baumeister.

Die Kleikuhle

Das Zollhauptamt und die Krabbenkonservenfabrik Nachtigall dominieren diesen Platz, der direkt am Binnenhafen liegt. Im Eckhaus Kleikuhle/Wasserreihe wohnt der Bürgermeister der Stadt, Heinrich Matthiesen, mit seiner Familie. Es gibt noch zwei Gastwirtschaften und die Maschinenbauwerkstatt von Würtzen im Haus Nummer 5. Die Motoren der zahlreichen Fischkutter müssen immer mal wieder repariert oder erneuert werden. Mehrere darauf spezialisierte Werkstätten sind im Hafenviertel angesiedelt.

Von links: Hauptzollamt, Gast- und Logierhaus Martensen, Wohn- und Geschäftshaus von Würtzen

Die Arbeit im großen Zollamt geht unauffällig vonstatten. Dagegen sichtbar und geschäftig geht es an der Hafenkante zu. Ein Gleisanschluss führt von der Marschbahnlinie bis zur Schiffbrücke. Eisenbahnwaggons liefern Frachtgut in den Hafen und nehmen Seemoos, Muscheln und andere Güter auf.

Auf dem begrünten Vorplatz spielen die Kinder oft Fußball. Ein Bunker aus dem Zweiten Weltkrieg befindet sich noch auf dem Gelände, das zum Bunker abschüssig verläuft. Im Winter bei Schnee nutzen es die Kinder gern für eine kleine Abfahrt auf ihren Schlitten.

Die Hafenstraße

Nur wenige Meter von der Kaimauer des Binnenhafens entfernt verläuft die Hafenstraße mit ganz unterschiedlichen Gebäuden und Fassaden.

Der Binnenhafen und seine Umgebung im Jahr 1959

Dicht an der Hafenkante liegen Schienen, die bis zur Schiffbrücke reichen und leichte An- und Abtransporte der im Hafen umgesetzten Güter und Waren mit der Bahn ermöglichen. Lange Zeit wird hier Vieh auf Schiffe geladen und entladen. Unternehmer siedelten sich hier an, die Bezug zur Landwirtschaft und ihren Erzeugnissen haben. So Wilhelm Trenkel (Haus Nr. 7), der mit Säcken und Viehdecken handelt, und Fritz Koch junior (Nr. 11 und 12), der Häute, Felle und Rohprodukte aller Art an- und verkauft. Im 1898 erbauten Getreidespeicher (Nr. 17) hat Leonard Jacobsen seinen Mühlenbetrieb, den er auch als Speicher nutzt. Um Geschäftsabschlüsse zu feiern oder zu übernachten bieten zwei Gasthäuser („Obens Hotel", Haus 3, und „Boy Clausens Gasthof", Haus 23) ihre Dienste an.

Obsens Hotel

Direkt an der Hafenmauer vor Obens Hotel befindet sich ein Verladegatter für Rinder und Schafe, die hier per Schiff ankommen oder die Stadt verlassen.

In den 50er Jahren werden jährlich etwa 20.000 Rinder auf dem Husumer Viehmarkt auf der Neustadt gehandelt.

Vom Hafen werden die Tiere durch die Hohle Gasse zur Neustadt getrieben.

Die Rinder werden zu Fuß, per LKW, Bahn oder Schiff nach Husum gebracht und verlassen auf gleichem Weg wieder die Stadt. Regelmäßig werden sie vom Hafen über die Hohle Gasse zur Neustadt getrieben und verschmutzen die Straßen erheblich. Aber die Gastwirte und andere Geschäftsleute begrüßen die Viehtrecks, da sie ihnen Geld in die Kasse spülen.

Auch Schafe und Ferkel werden am Hafen aufgetrieben. Hinter der Werft am Zingel existiert seit Jahrzehnten die Ferkelhalle, in der bis 1953 jeden Donnerstag 300 bis 400 Ferkel zum Verkauf stehen. Danach zieht der Ferkelmarkt in die neu erbaute Nordseehalle am Wassertum, in der auch Schafe gehandelt werden.

Am Zingel. Ganz links im Bild die Ferkelhalle

Blick auf die Hafenstraße mit angrenzender Schiffbrücke (1956)
Von links nach rechts: Fischereibedarf Jens Jessen, Boy Clausens Gasthof, Schlachterei Hans, Seiers Gasthof

Die Schiffbrücke

Die Schiffbrücke mit Waage-Häuschen (ganz rechts im Bild; 1957 abgerissen)

Die obige Aufnahme der Schiffbrücke von 1955 zeigt den Vorplatz nahezu autofrei. Es ist lediglich ein dreirädriger weißer Transporter Modell „Hanseat" und ein Fahrrad zu sehen. Nur wenige Jahre später ist dieser Platz mit Autos übersät.

Das Foto macht deutlich, wie rasant sich die Wirtschaft binnen kurzer Zeit entwickelt hat. Die Stadtplaner räumen dem Autoverkehr mit Parkplätzen und neuen wie auch breiteren Straßen absoluten Vorrang ein und verändern das Husumer Straßenbild tiefgreifend. Der Verkehr nimmt zu, die Schiffbauten werden größer, die Kaufkraft der Haushalte und die Nachfrage nach Konsumgütern steigen. Bald spielt auch der Tourismus für die Stadt, das Gastgewerbe und für die Kaufleute eine zunehmend bedeutendere Rolle.

Die Schiffbrücke besteht aus einer Häuserzeile, zu der noch zwei in südliche Richtung verlaufende kurze Straßenzüge gehören. Das Ensemble besitzt einen schönen gepflasterten Vorplatz und einen beneidenswerten Ausblick auf den Hafen. Bei Sturmflut kann diese exponierte Lage den Häusern allerdings auch mal nasse Füsse bescheren. Die historischen, in geschlossener Bauweise errichteten 2- bis 3-geschossigen Gebäude sind Wohn- und Geschäftshäuser mit unterschiedlichen Giebelformen. Sie bilden eine lange Einkaufsstraße vor reizvollem Hafenpanorama. Hier bieten zahlreiche Kaufleute ihre Waren und Dienstleistungen an. Es gibt an der Ecke Hafenstraße die Gastwirtschaft Seier, im Eckhaus Nr. 5 den Kaufmann Momme Jürgensen, in Nr. 9 das Hotel „Zur grauen Stadt", Kaufmann Friccius, die Farbenhandlung Henkens, die Gastwirtschaft von Jenny Johnsen, eine Bäckerei mit Konditorei und die Manufaktur von C. J. Schmidt im Haus Nr. 17. Außerdem sind noch ein Schuhmacher, ein Friseur, ein Uhrmacher, ein Tabakladen, ein Obst- und Gemüseladen sowie eine Holzpantoffelwerkstatt im Haus Nr. 23 vertreten.

Das Bekleidungsgeschäft C. J. Schmidt hat seine verschiedenen Fertigungs- und Verkaufsabteilungen in mehreren benachbarten Häusern, so in der Krämerstraße, in der Twiete und an der Schiffbrücke. 1951 – die Firma feiert in dem Jahr ihr 75jähriges Bestehen – sind bereits fünfzig Mitarbeiter beschäftigt. Das Unternehmen dürfte zu der Zeit das größte der Stadt sein.

Zeitweise wird an der Schiffbrücke auch der Wochenmarkt abgehalten, möglicherweise immer dann, wenn der Marktplatz anderweitig belegt ist.

Anfang der 50er Jahre stehen an der Schiffbrücke noch ein großer Kran, eine Waageplattform mit dazugehörigem Häuschen und eine öffentliche Toilette, die von den Husumern „Wellblech-Café" genannt wird.

Eine Ansichtskarte, die um 1910 in Umlauf war, zeigt in der Hintergrundmitte die Waage mit Häuschen zur Gewichtsbestimmung von Vieh und Stückgut; rechts dahinter die „Bedürfnisanstalt"

Der drehbare Kran auf der Kaimauer weist eine Tragkraft von 1,5 Tonnen auf

Die Kinder des Viertels

Extra ausgewiesene Spielplätze gibt es im Viertel nicht. Phantasie und Selbstorganisation sind gefragt. Die Kinder suchen sich selbst die Ecken, wo sie spielen und sich austoben können. Der Hafen und sein Umfeld bieten genügend Möglichkeiten. So spielen die Jungs bei jeder Gelegenheit Fußball auf dem Vorplatz der Kleikuhle oder auf einer Freifläche westlich davon hinterm Deich auf der anderen Seite der Bahngleise. Wenn die Jungs an der Kleikuhle spielen, landet der Ball auch des öfteren im Hafen. Wer von ihnen im Verein spielt, muss „Frisia" angehören, denn das ist der Traditionsverein des Viertels. „Husum 18" ist der andere Husumer Fußballclub, mit dem man sich höchstens mal misst. Fußball ist damals und viele Jahre später noch eine reine Jungensportart. Die Mädchen bleiben eher für sich und haben ihre eigenen Spiele, etwa Seilspringen, „Himmel und Hölle" und „Die Meiersche Brücke". Auf dem Platz vor dem Hafenamt sieht man auch manchmal Rollschuh laufende Mädchen und Jungen.

An heißen Sommertagen ist der nahegelegene Porrenkoogpriel eine gern besuchte Badestelle. Dort, wo der Priel in die Husumer Au mündet führt eine Brücke mit Eisenbahnschienen über das Wasser, die nur für Materialtransporte des Marschenbauamtes benutzt werden darf. Für die größeren Jungs ist die „Kommandobrücke", wie das Bauwerk genannt wird, genau die richtige Herausforderung. Sie springen mit „Köppern" ins tiefe Wasser, um ihren Mut zu zeigen. Das ist zwar verboten, macht aber gerade deswegen den besonderen Reiz für die Jungen aus. Unweit der Brücke weist der Priel eine sandige Uferstelle auf, die ebenfalls zum Baden einlädt. Mit dem Namen Porrenkoogpriel tun sie sich die Kinder schwer, deshalb nennen sie ihn „Mississippi" – das klingt schöner und verspricht Abenteuer.

Gute Schwimmer suchen die Dockkoogspitze auf. Dort ist das Baden aber tideabhängig. Wer kein Fahrrad besitzt, muss den weiten Weg zu Fuß gehen. Wer ein Rad besitzt und damit zur Badestelle fährt, behält es stets im Auge, denn es ist sehr gefragt und könnte gestohlen werden.

Badestelle am Dockkoogaußendeich

Kinder, die noch nicht schwimmen können, sind besser zu Hause aufgehoben. Aber auch sie müssen nicht aufs Badevergnügen verzichten. In jedem Haushalt gibt es eine Zinkwanne, in der einmal in der Woche die Kinder gebadet werden. Im Sommer wird sie einfach nach draußen gestellt, mit Wasser befüllt, und die Planscherei kann beginnen. Wenn sich die Kinder der Nachbarn dazugesellen, wird das Vergnügen umso schöner.

Ein Anziehungspunkt für die Kinder ist immer auch der Hafen. Ständig ist dort Aktivität. Schiffe kommen und Schiffe gehen, von den Kuttern werden die Fänge angelandet und verarbeitet, es gibt Stapelläufe, Menschen, Güter- und Viehtransporte zu sehen und den ständigen Wechsel von Ebbe und Flut zu erleben. Manche Jungen organisieren sich ein Boot und schippern damit im Hafenbecken herum. Sönke (* 1951), Sohn des Fischers Claus Laß, leiht sich von einem Muschelkutter ein Boot, vom Krabbenkutter den fehlenden Riemen und rudert gemeinsam mit seinem Freund kreuz und quer durch den Hafen. Dabei singen sie Seemannslieder und bringen das Boot zum Schaukeln, damit sie auch ordentlich Wellengang dazu haben. Ein anderes Mal lädt „Käpt'n" Sönke ein Mädchen an Bord, fährt mit ihm vom Außenhafen unter die Eisenbahnbrücke hindurch und legt an der Schiffbrücke an. Sie kaufen sich in der Eisdiele Cortina ein Eis und rudern anschließend in den Außenhafen zurück. Die Bootspartie hat beiden Spaß gemacht, aber zu einem Paar wurden der Seemann und das Mädchen nicht.

Dieter Eckholdt (★ 1937), Sohn der Tabakladenbesitzerin Anni Eckholdt aus der Wasserreihe, besitzt sogar ein eigenes Boot, das ihm sein Onkel geschenkt hat. Darauf sieht man ihn oft den Hafen durchqueren.

(Aufnahme von 1947)

Ein eigenes Fahrrad oder ein Boot – davon träumen die Kinder. Nur für wenige erfüllt sich dieser Wunsch. Wer das Glück hat, ein Fahrrad zu besitzen, gibt es nur ungern in andere Hände. Zu kostbar ist das Gefährt. Es könnte Schaden nehmen. Aber wer ein Rad hat, dem erschließt sich radelnd eine neue Welt. Ausflüge in die Umgebung, zum Dockkoog oder ins nächste Dorf erweitern den Bewegungsradius und machen Entdeckungen möglich. Der Schüler Manfred Godbersen (* 1946) aus der Rosenstraße 27 (heute 25) gehört zu den Glücklichen und wird von anderen Kindern um seinen Besitz beneidet. Sein Vater ist zusammen mit anderen Männern Mitte der 50er Jahre an der Errichtung der Spundwände des neuen Fischereihafens an der Südseite des Außenhafens beteiligt.

Manfred Godbersen auf dem Weg zur Schule und auf seinem Rad zu Hause

83

Die Ankunft der Kutter ist für die Fischerkinder immer wieder spannend und „ergiebig".
In der Bildmitte, den Korb tragend: Fischer Kurt Laß

Wenn die Fischer die gefangenen Krabben in Körben anlanden, dürfen die hungrigen Kinder in den Nachkriegsjahren in die Körbe greifen und sich eine Hand voll Krabben nehmen. Jürgen Kordt, einer der Friseursöhne, packt sie in seine Pudelmütze, weil er nichts anderes zum Verstauen hat. Anschließend ziehen die Kinder zur Kleikuhle, um ihre kostenlose Mahlzeit genüsslich zu verspeisen. In späteren Jahren, als die Ernährungslage allgemein besser ist, mahnt Fischer Kurt Laß, als Jürgen wieder in seinen Korb greifen will: „In Zukunft fragst du!"

Viele Fischerfamilien wohnen im Viertel. Deren Kinder warten oft auf die Ankunft der Kutter im Hafen. Für Sönke Laß ist das Hafenleben wichtiger als die Schule. Wenn sie zu Ende ist, läuft er schnell nach Hause, wirft seinen Ranzen in die Ecke und düst zum Hafen.

„Wenn die Kutter reinkamen, erstmal die Leinen abgenommen und an den Pollern festgemacht. Das war ja was für uns. Dann geguckt, was haben die da, konnte man ja Vadder erzählen … Dann wurde gelöscht, die Holzkisten kamen auf den Wagen. So haben wir uns den Nachmittag vertrieben. Schularbeiten haben wir vor dem Zubettgehen oder nach dem Abendbrot gemacht", erinnert sich Sönke.

Für ihn und seine Freunde ist der Hafen die prägende Welt ihrer Kindheit. Außer zur Schule kommen sie nur selten in die Innenstadt. Denn hier am Hafen spielt das Leben, die übrige Stadt ist eher uninteressant. Und Geld, um in den Geschäften etwas zu kaufen, haben sie ohnehin nicht, da es unüblich ist, den Kindern Taschengeld zu geben. Doch hin und wieder möchten sie sich schon ein paar Süßigkeiten kaufen und sinnen nach Möglichkeiten der Geldbeschaffung. Bei Kaufmann Friedrich Petersen, Wasserreihe 4, bringen die Jungs leere Flaschen zurück und bekommen dafür Pfandgeld. Ihre Idee: Leergut aus dessen Lager im Hinterhof stibitzen und nochmal Pfandgeld kassieren. Der Coup gelingt, und das wiederholt erfolgreich. Diese Masche probieren sie auch beim Rohproduktenhändler Fritz Koch, der in der Wasserreihe wohnt und von dort Zugang zu seinem Geschäft in der Hafenstraße hat. Mehrere Familien halten Hauskaninchen zur Bereicherung des Speiseplans. Für deren Fell zahlt die Firma Koch dreißig Pfennig. Manches Fell kommt auf wundersame Weise vom Lager mehrmals wieder in den Laden zum Verkauf. Das gleiche passiert auch mit abgeliefertem Metallschrott, den die Jungs manchmal aus dem Hafenschlick ziehen. Ob der Angestellte des Firmeninhabers, der die Ware annimmt, nie den Schwindel bemerkt oder nur wohlwollend mitspielt, um den Kindern eine Freude zu machen, sei dahingestellt. Jedenfalls „verdienen" sich die Gauner ein paar Groschen, mit denen sich kleine Wünsche erfüllen lassen.

Hans-Peter Jensen (* 1947) wächst in der Nordhusumer Straße auf. Ihn zieht es oft zu seinen Freunden, die in Hafennähe wohnen. Schon früh sucht er nach Gelegenheiten, sich nach dem Schulunterricht etwas Geld zu verdienen.

Regelmäßig arbeitet er als Laufbursche für die Gärtnerei Carstensen in der Nordbahnhofstraße und als Botenjunge für die Druckerei Schlüter in der Hohlen Gasse. Drei Jahre arbeitet er für die Druckerei und bekommt anfänglich fünf Mark im Monat, später sogar noch etwas mehr. Irgendwann hat er so viel Geld gespart, dass er sich mit dreizehn Jahren ein neues Fahrrad für 135 Mark kaufen kann. Es mit selbst verdientem Geld bezahlen zu können macht ihn stolz.

Auch zu Hause wartet Arbeit auf ihn. Ein Fischhändler bringt regelmäßig Krabben zum Pulen ins Haus. Dann sitzen mehrere Familienmitglieder am Küchentisch und pulen stundenlang Berge von Krabben. Hans-Peter schafft bald mehrere Pfund in der Stunde und trägt seinen Teil zum Lebensunterhalt der Familie bei. Der Händler lässt das Krabbenfleisch und den Schalenabfall noch am selben Tag wieder abholen, denn die kleinen Meerestiere verderben schnell, und von „Kühlkette" ist damals noch keine Rede.

Trotz seiner Nebentätigkeiten findet Hans-Peter Zeit zum Fußballspiel, dass er so liebt. Als er sieht, dass der Vater eines Mitspielers seinem Sohn für ein Tor eine ganze Mark zur Belohnung schenkt, ist er fassungslos, weiß er doch, was es bedeutet, sich durch Arbeit so ein Geldstück verdienen zu müssen. Die bescheidenen Lebensumstände der eigenen Familie vermitteln ihm ein Gespür für den Wert von Geld und Arbeit und deren Verhältnis zueinander. Butter kann sich die Familie nur selten leisten. Die Weißbrotscheiben, die Hans-Peter von seiner Mutter für die Schule mitbekommt, sind mit Margarine bestrichen und mit Zucker bestreut. An warmen Tagen verwandelt sich das Pausenbrot oft zu einer nicht mehr essbaren Pampe. Der Schultag muss dann mit hungrigem Magen bewältigt werden.

Bei der kinderreichen Familie des Fischers Claus Laß, Westerende 11, ist er häufig zu Gast. Dort ist immer etwas los. Sohn Wilhelm besitzt einen 8 mm-Filmprojektor und zeigt gern seine lustigen Streifen mit Dick und Doof und anderen Darstellern. Als später im Haus ein Fernseher angeschafft wird, kommt das auch den Nachbarkindern zugute, denn bald sitzen oft viele kleine Zuschauer vor dem Bildschirm, um sich die Abenteuer von Fury, Lassie und anderen Filmhelden anzuschauen. Mutter Laß versorgt die Kinderschar zwischendurch mit duftenden frisch gebackenen Waffeln.

Das jährliche Schulfest ist für alle Kinder stets ein großes Ereignis. Die ganze Stadt ist auf den Beinen, um den feierlichen Umzug zu bestaunen. Es gehört zur Tradition, dass die Geschäftsinhaber ihren Mitarbeitern zwei Stunden frei geben, damit sie dem Ereignis beiwohnen können. Im Hafenbereich führt der Umzug an der Schiffbrücke entlang, und eine unübersehbare Menschenmenge steht Spalier.

Auch der Winter bietet den Kindern im Viertel manche Freuden. Wenn es gefroren hat und überall Schnee liegt, stehen ihnen große Spielflächen zur Verfügung, die sie zum Schlittschuhlaufen oder Rodeln nutzen können. Der Deich am Porrenkoog eignet sich ebenfalls ausgezeichnet für Abfahrten mit dem Schlitten. Allerdings haben nicht alle Kinder so ein Gefährt. Aber Mitfahren ist auch ein schöne Sache.

Schulfestumzug an der Schiffbrücke Anfang der 1960er Jahre und Schlittenwetter am Hafen (unten)

Besucher

Touristen sind in jener Zeit seltene Erscheinungen im Stadtbild; am Hafen sieht man sie noch weniger. Dennoch finden sich hier vereinzelt immer mal Besucher ein, die Hafenatmosphäre suchen. In erster Linie sind es die Fischer, ihre Kutter – und die Krabben, die eine besondere Anziehungskraft auf sie ausüben.

1955 macht sich der Männerclub „Lukullus" in Gestalt von fünf jungen Mitarbeitern eines Stuttgarter Feinkostgeschäftes mit VW-Bus auf eine Reise durch deutsche Lande, um Köstlichkeiten aufzuspüren. Auf ihrer Route liegt der Husumer Hafen. Hier verkosten die Männer die gerade frisch gefangenen Krabben und finden als „Exoten" natürlich das Interesse des Zeitungsfotografen.

Auch Familien, die in Husum zu Besuch sind, verlassen die Stadt kaum, ehe sie nicht bei den Fischern vorbeigeschaut und einen Blick auf ihren Fang geworfen haben. Die Krabben sind zwar eine Spezialität, aber die Nachfrage im Binnenland nach frischen ungepulten Garnelen hält sich in Grenzen, weil das Auspulen für Ungeübte etwas beschwerlich ist.

Der Schwede Erik Berg besucht auf seiner Radtour durch Europa im Sommer 1959 den Husumer Hafen und hinterläßt uns ein Erinnerungsfoto. Ob er auch Krabben gekostet hat ist nicht überliefert.

Als die Werft das über 48 Meter lange Schiff „Johanna Knudsen" vom Stapel lässt, scheint es fast zu groß für den kleinen Binnenhafen. Doch 1962 macht das 62 Meter lange Marineschiff „Otter" hier fest und beweist, dass noch Größeres ins Becken passt. Die Husumer strömen herbei, um diesen außergewöhnlichen Besuch zu erleben. Das Landungsunterstützungsboot, so die Dienstbezeichnung des Schiffes, hat hundert Mann Besatzung und wurde von der Bundesmarine 1958 von der U.S. Navy erworben. Die „Otter" bleibt vier Tage im Hafen und bietet vielen Interessierten Gelegenheit zur Besichtigung.

Die Husumer selbst bilden die größte Besuchergruppe im Hafen, allerdings nur wenn Stapelläufe gefeiert werden oder große, imposante Schiffe hier einfahren. Der Hafen ist überwiegend vor allem ein Ort, an dem viel gearbeitet wird und ein großer Lärmpegel herrscht. Er wird daher von Husumern und Auswärtigen nicht aufgesucht, um sich zu entspannen und Atmosphäre zu genießen. Das wird sich später noch grundlegend ändern.

Hafenimpressionen

Ereignisse, Menschen, Tiere und Schiffe – der Hafen bietet seinen Besuchern immer etwas. An sonnigen Tagen kommen vereinzelt Besucher, um ihn und seine Schiffe zu betrachten und staunen vielleicht, wenn im Hafenbecken gar kein Wasser ist und die Boote weit unterhalb der Hafenkante im Schlick liegen.

Oft sieht man Angler mit ihren Ruten an der Hafenkante stehen oder Männer mit Setznetzen, die sie ins Hafenbecken ablassen in der Hoffnung, ein paar Fische zu fangen.

Von Zeit zu Zeit arbeitet auch ein dampfendes Ungetüm im Hafen. Es ist ein Schwimmbagger, der angeschwemmten Schlick aushebt, damit die großen Schiffe genügend Tiefgang haben.

Wenn der Winter kalt und lange zupackt, erstarrt die Hafenszenerie unter Eis und Schnee und zaubert ein wundervolles Stillleben.

Dickes Eis droht die Schiffe zu beschädigen. Mühsam müssen sie von ihm befreit werden.

Im Sommer, in der fangarmen Zeit, versieht dieser Fischer seinen Kutter mit neuem Anstrich, um ihn möglichst lange zu erhalten.

Danke

Zahlreiche Husumer Zeitzeugen und frühere Bewohner des Hafenviertels haben mit Informationen, Erzählungen und privaten Fotos wesentlich zur Entstehung dieses Buches beigetragen. Almut Ueck und Anette Keller vom Kreisarchiv Nordfriesland unterstützten mein Vorhaben mit umfangreichem Bildmaterial, Literatur und großer Hilfsbereitschaft.

Allen danke ich herzlich. Es war mir eine Freude, ihnen zu begegnen und mit ihnen auf das damalige Leben im Hafenviertel zurückzublicken.

Günter Spurgat

Bildnachweis

Walther Nehm/Kreisarchiv Nordfriesland: Seite 21, 23, 24, 25, 27, 28, 29, 45, 60, 84 und 89
Hans Hoffmann/Kreisarchiv Nordfriesland: 10, 11, 12, 13, 14, 15, 22, 26, 33, 34, 35, 36, 37, 39, 40, 41, 43, 47, 48, 52, 54, 59, 63, 64, 65, 70, 71, 73, 74, 75, 80, 88 (2), 91, 92, 94, 95, 96, 97, 98 und 99
Ulf von Hielmcrone: 78
Autor: 30, 51 (Repro), 69 (Luftbildaufnahme unbekannter Herkunft, bearbeitet) und 77
privat: alle übrigen Fotos